Vorwort

Stricken ist gar nicht schwer und mit der Strickliesel sogar ganz schnell und einfach zu lernen! Alles, was du brauchst, ist etwas Wolle und schon kann's losgehn. Ruckzuck ist der erste Strickschlauch gelieselt und kann zu einem tollen Projekt weiter verarbeitet werden.

Viele Modelle in diesem Buch eignen sich ganz prima für erste Projekte, andere wiederum sind etwas aufwändiger und für geübtere Stricker. Orientiere dich hier am besten an den Schwierigkeitsgraden, die bei jedem Modell mit angegeben sind.

●○○ Einsteiger ●●○ Geübte ●●● Profis

Wenn du keine Holz-Strickliesel hast, kannst du dir aus einfachen Materialien wie Klorolle oder Klebefilmrolle ganz einfach auch deine eigene Liesel basteln. Egal, ob lustiger Frosch als Schlüsselanhänger, hübscher Bilderrahmen oder niedlicher Pinguin: Hier ist für jeden was dabei.

Viel Spaß beim Aussuchen und Lieseln deines Lieblingsprojektes!

Deine

Inhalt

Material

Wolle

Zum Stricken mit der Holz-Strickliesel eignet sich Wolle mit der Nadelstärke 2,5–3,5 mm gut. Bei den etwas größeren selbst gebauten Stricklieseln benutzt du am besten dickere, leicht dehnbare Wolle. Dann kannst du sie leichter über die Holzstäbchen schieben.

Häkelnadel

Mit einer Häkelnadel ziehst du den Anfangsfaden durch die Strickliesel hindurch.

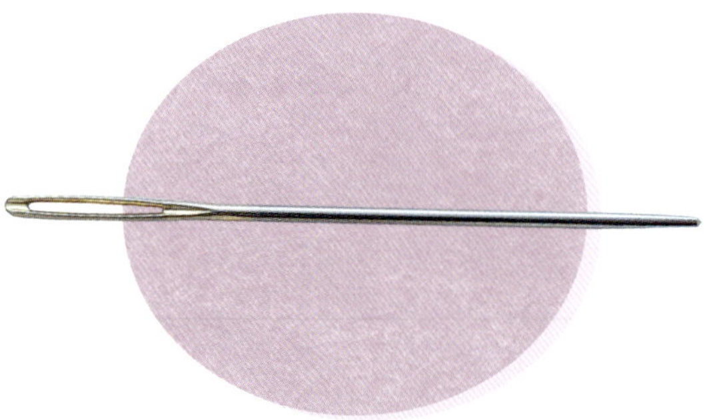

Sticknadel

Mit der Sticknadel vernähst du den Anfangs- und Endfaden.

Strickliesel

Stricklieseln gibt es in verschiedenen Farben, einfach aus Holz oder als Figuren. Für die Modelle in diesem Buch benötigst du eine Strickliesel mit vier Ösen. Für einige Modelle wird auch eine selbstgebaute Strickliesel verwendet. Wie das geht, liest du weiter unten. Mit der Stricklieselnadel hebst du den Faden über die einzelnen Ösen. Du kannst dafür auch eine Häkelnadel oder Kinderstricknadel benutzen.

Strickliesel selber bauen

Für dickere Strickschläuche baust du dir ganz einfach selbst eine Strickliesel. Beklebe dafür eine Klopapierrolle rundherum mit doppelseitigem Klebeband. Auf diesem fixierst du gleichmäßig verteilt acht Holzstäbchen, lasse sie dabei ca. 2 cm über den oberen Rand stehen. Anschließend deckst du die Klebebandbereiche mit einseitigem Klebeband oder Washi-Tape ab.

Für besonders dicke Strickschläuche, wie sie bei den Monstern verwendet werden (siehe Seite 32), benutzt du eine leere Klebebandrolle von ca. 8 cm Durchmesser und beklebst sie mit 12 Holzstäbchen. Die Stäbchen kürzt du dafür auf die Hälfte.

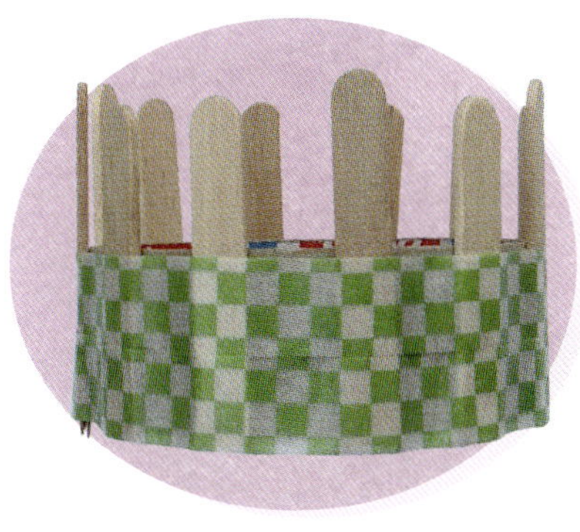

Grund-anleitung

Strickliesel vorbereiten

Um das Garn in die Strickliesel einzufädeln, legst du es zu einer Schlinge und ziehst diese mit der Häkelnadel durch. Halte das untere Fadenende mit einer Hand fest. Führe mit der anderen Hand den Faden gegen den Uhrzeigersinn um eine Öse. Umwickle auch die anderen Ösen jeweils gegen den Uhrzeigersinn. Arbeite dich dabei einmal um die Strickliesel rechts herum.

Lieseln

Lege den Faden von rechts nach links vor die erste umwickelte Öse. Mit der Stricklieselnadel stichst du unter die Garnschlinge. Hebe sie über die Öse und lasse sie nach innen fallen. Stricke im Uhrzeigersinn weiter, indem du den Faden immer von rechts nach links vor die nächste Öse legst und mit der Stricklieselnadel darüber hebst. Ziehe ab und zu an dem Anfangsstrickfaden, damit der Strickschlauch weiter nach unten rutscht.

Linkshänder

Linkshänder umwickeln die Ösen der Strickliesel im Uhrzeigersinn und arbeiten sich dabei einmal links herum. Beim Stricken legst du den Faden von links nach rechts vor die umwickelten Ösen.

STRICKSCHLAUCH ABNEHMEN

Wenn der Strickschlauch die gewünschte Länge erreicht hat, schneidest du den Wollfaden ab und fädelst ihn in eine Sticknadel mit stumpfer Spitze. Schiebe die Nadel durch alle Schlaufen, die auf den Ösen liegen. Achte darauf, nicht mit der Schlaufe zu beginnen, die du zuletzt gestrickt hast. Hebe die Schlaufen von den Ösen und ziehe den Endfaden fest an. Dann ziehst du den Strickschlauch an dem Anfangs- oder Endfaden aus der Strickliesel heraus.

ABGERUTSCHTE SCHLINGEN

Wenn dir eine Schlinge von der Öse abgerutscht ist, hebst du sie einfach wieder mit der Stricklieselnadel darüber.

ANFANGS- UND ENDFADEN VERNÄHEN

Um den Anfangs- oder Endfaden zu sichern, stichst du die Nadel einmal durch das Ende des Strickschlauches und schiebst sie anschließend durch die entstandene Schlinge. Ziehe den Faden fest an. Das Fadenende kannst du vernähen, indem du die Nadel ein Stück durch den Schlauch schiebst und erst dann den Faden abschneidest.

STRICKRUNDEN ZÄHLEN

Um einzelne Strickrunden zu zählen, markierst du dir am besten mit einem Stift oder einem Klebepunkt eine Öse an der Strickliesel oder du merkst dir bei einer Figur eine Stelle, z. B. das linke Auge. Für jede gestrickte Runde kannst du dir einen Strich auf einem Zettel markieren.

KURZE STRICKSTÜCKE MESSEN

Wenn du Strickstücke arbeiten möchtest, die kürzer sind als deine Strickliesel, gibt es einen Trick, um sie abzumessen. Markiere den Anfangsfaden an der Stelle mit Washi Tape, an der er aus der Strickliesel herausschaut. Der Abstand zwischen Markierung und Strickliesel entspricht der Länge des Schlauches.

FARBE WECHSELN

Wenn du die Farbe wechseln möchtest, schneidest du den Strickfaden ab und knotest eine neue Farbe an. Schiebe die Fadenenden in die Mitte und stricke mit der neuen Farbe weiter.

Pitsch Patsch Pinguin

Material

- Holz-Strickliesel
- Wolle in Blau und Weiß
- Styropor®-Ei, ø 6 cm
- UHU Kraft
- Bastelfilz in Blau, 5 cm x 5 cm
- Bastelfilz in Orange, 3 cm x 6 cm
- Bastelfilz in Gelb und Lila, Reste
- 2 Wackelaugen, ø 1,5 cm
- Wackelauge, ø 7 mm

Vorlage Seite 42

So geht's

1 Arbeite einen 25 cm langen Strickschlauch in Weiß und einen 110 cm langen Schlauch in Blau. Die Anfangs- und Endfäden jeweils vernähen.

2 Das Styropor®-Ei vorne im Bereich des Bauches mit UHU Kraft einstreichen und den weißen Strickschlauch spiralförmig darauf festdrücken Anschließend das restliche Ei mit UHU Kraft einstreichen und die blaue Strickschnur darum herumwickeln und festdrücken.

3 Die Vorlage für Flügel, Schnabel und Füße von Seite 42 auf Transparentpapier abpausen und ausschneiden. Die entstandenen Schablonen nun auf den Filz übertragen. Alle Teile ausschneiden. Die Augen und den Schnabel für das Gesicht über dem weißen Bauchkreis aufkleben. Befestige die Flügel seitlich und die Füße unter dem Pinguin.

4 Die Vorlage für den Fisch abpausen und auf den Filz in Lila übertragen. Schneide den Fisch aus. Klebe das Wackelauge darauf und befestige den Fisch unter dem Arm des Pinguins.

Schnörkel-Bilderrahmen

SO GEHT'S

BLAUER RAHMEN

1 Stricke einen 60 cm langen Schlauch in Blau. Vernähe das Ende mit einer Nadel, aber ziehe den Faden nicht fest an, damit der Strickschlauch offen bleibt. Jetzt ein Ende des Aludrahtes zu einer ca. 1 cm langen schmalen Schlaufe biegen.

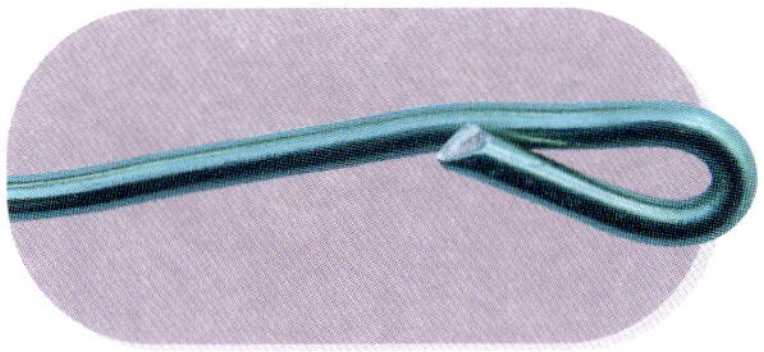

2 Schiebe den Draht mit der Schlaufe voran in den Strickschlauch, anschließend die Öffnung zunähen. Nun den Schlauch auf den Karton legen und ihn um die beiden Seitenkanten und den unteren Rand biegen.

3 Den restlichen Strickschlauch biegst du zu drei Schlaufen.

4 Auf jeder Schlaufe eine Holzperle befestigen. Dafür ein 20 cm langes Stück Wollfaden in eine Sticknadel fädeln. Die Nadel durch den Strickschlauch und anschließend durch die Perlen führen. Noch einmal wiederholen, dann die Fadenenden miteinander verknoten.

GELBER RAHMEN

Arbeite den gelben Rahmen wie den blauen Rahmen in Schritt 1–2. Biege den Schlauch an beiden oberen Ecken zu jeweils zwei Schlaufen. Auf jede Schlaufe drei Holzperlen in Grün nähen. Wenn du möchtest, kannst du den Rahmen am oberen Rand mit einem aufgenähten Knopf verzieren.

HINWEIS

Klebe den Rahmen mit Bastelkleber oder mit Klebepunkten auf dein Bild, um es einzurahmen. Überstehende Ränder schneidest du einfach mit der Schere ab. An der Rückseite befestigst du einen Bildaufhänger.

MATERIAL

BLAUER RAHMEN

- Holz-Strickliesel
- Wolle in Blau
- Aludraht in Blau, extrem formbar, ø 2 mm, 60 cm lang
- Karton, 1 mm stark, 9,5 cm x 11,5 cm
- 3 Holzperlen in Weiß, ø 1,4 cm

GELBER RAHMEN

- Holz-Strickliesel
- Wolle in Hellgelb
- Aludraht in Gelb, extrem formbar, ø 2 mm, 60 cm lang
- Karton, 1 mm stark, 9,5 cm x 11,5 cm
- 12 Holzperlen in Hellgrün, ø 8 mm
- Knopf in Gelb mit weißen Streifen, ø 1,8 cm

Material

Für einen Eierwärmer

- Holz-Strickliesel
- Wolle in Hellbraun und in Hellgrün oder Türkis
- Ei
- doppelseitiges Klebeband, 1–2 cm breit
- Nähnadel
- Nähgarn in Hellbraun
- Bastelfilz in Weiß, Rest
- Mini-Pompon in Rot, ø 1 cm
- 2 Plastikhalbperlen in Schwarz, ø 6 mm

Vorlage Seite 45

So geht's

1 Stricke einen 65 cm langen Schlauch in Hellbraun. Den Anfangs- und Endfaden vernähen. Für die Ohren zwei 10 cm lange Schläuche arbeiten, hier lässt du die Anfangs- und Endfäden hängen. Für das Innere der Ohren zweimal jeweils 9 Runden in Türkis oder Grün stricken. Hier die Anfangs- und Endfäden vernähen.

2 Das Ei auf einen Eierbecher oder den unteren Teil eines Eierhütchens stellen. Umwickle die obere Ei-Hälfte mit dem doppelseitigen Klebeband. Darauf die 65 cm lange Strickschnur kleben, dabei oben am Ei beginnen und spiralförmig nach unten arbeiten.

3 Vernähe die Strickschnüre miteinander. Dafür ein Stück Garn, etwa so lang wie dein Arm, in die Nähnadel fädeln. Ein Fadenende länger lassen. Um die Naht zu sichern, nähst du am Anfang und am Ende drei Stiche auf einer Stelle. Abwechselnd in nebeneinanderliegende Schnüre stechen, den Faden leicht anziehen. Arbeite dich so rund um das Ei, bis alle Schnüre miteinander vernäht sind. Anschließend stülpst du die Eiermütze um, damit die Nähfäden innen liegen.

4 Für die Ohren legst du die 10 cm langen Schnüre zu Schlaufen und verknotest die Enden mit den Anfangs- und Endfäden. Schiebe je ein Strickstück in Türkis oder Grün zwischen die Ohrschlaufen. Nähe die Stücke wie in Schritt 3 beschrieben mit brauner Wolle fest. Die Anfangs- und Endfäden der Ohren vernähen.

5 Jetzt setzt du beide Ohren mittig auf den Kopf und nähst sie fest. Stich dafür abwechselnd in den unteren Bereich der Ohren und die Strickschläuche des Kopfes ein.

6 Die Vorlage für die Augenkreise von Seite 45 abpausen, ausschneiden und mithilfe der Schablone auf den weißen Filz übertragen. Schneide beide Teile aus und klebe auf jeden Augenkreis eine Plastikhalbperle. Die Augen und den Pompon als Nase aufkleben.

Hasenstarke Eierwärmer

kleine Fingerpüppchen

MATERIAL

FÜR EINE FINGERPUPPE

- selbst gebaute Strickliesel aus einer Klopapierrolle
- dehnbare Wolle in Weiß oder Flieder, Nadelstärke 4 mm
- Bastelfilz in Rosa oder Pink, Reste
- 2 Plastikhalbperlen in Schwarz, ø 4 mm
- Mini-Pompon in Schwarz, ø 7 mm
- UHU Kraft

VORLAGE SEITE 45

SO GEHT'S

1 Mit der Wolle in Weiß oder Flieder 12 Runden stricken und den Endfaden vernähen. Nähe mit dem Anfangsfaden einmal rund um die Öffnung des Strickschlauches, indem du ihn immer wieder durch die letzte Maschenreihe schlingst. So erhältst du einen schönen Abschluss.

2 Von der Wolle drei 25 cm lange Fäden abschneiden. Knüpfe die Fäden mittig an den Rand der Öffnung. Aus den Wollfäden ein 6 cm langes Schwänzchen für die Maus flechten. Anschließend verknotest du die Fadenenden miteinander und schneidest überstehende Fadenenden ab.

3 Die Vorlage für die Ohren von Seite 45 abpausen, Schablone ausschneiden, auf den Filz in Rosa oder Pink übertragen und zuschneiden.

4 Die Plastikhalbperlen für die Augen, die Pompon-Nase und die Ohren mit Kleber auf der Fingerpuppe befestigen. Den Kleber gut trocknen lassen, bevor du spielst.

Ritter Rudi und sein Gefolge

SO GEHT'S

1 Stricke 4 Runden in Grau, 3 Runden in Rot (bzw. Türkis oder Orange) und anschließend wieder 2 Runden in Grau. Wie du einen Farbwechsel machst und die Runden zählen kannst, steht auf Seite 7.

2 Jetzt strickst du noch einmal 3 Runden in Grau, überspringst dabei aber immer jeweils die ersten 3 Bastelhölzchen der Runde. Hier das Band einfach vor die Hölzchen legen und erst wieder ab dem vierten Holz weiterstricken.

3 Spanne den Strickfaden über den lose liegenden Fäden neu über die Bastelhölzchen. Die Runde fertigstricken und drei weitere ganze Runden arbeiten.

4 Die lose liegenden Fäden vor den drei Hölzchen umschlingst du nun mit einem Faden in Grau, um sie zusammenzufassen. Dabei auch einmal durch jede Schlinge an den drei Holzstäbchen stechen.

Auf dem Foto ist dieser Schritt mit Garn in Orange abgebildet, damit du ihn besser erkennst.

5 Den Strickschlauch abnehmen und den Endfaden vernähen. Den Faden, der um die losen Fäden in Schritt 4 geschlungen ist, etwas anziehen, verknoten und die Enden auch vernähen. Nähe mit dem Anfangsfaden einmal rund um die Öffnung des Strickschlauches, indem du ihn immer wieder durch die letzte Maschenreihe schlingst. So erhältst du einen schönen Abschluss.

6 Schiebe den Korken in deinen Ritter und male ein Gesicht auf. Die Vorlage für den Schild abpausen und auf den Filz übertragen. Verziere den Schild mit kleinen Garnfäden in Hellrot. Für die Lanze den Schaschlikspieß auf 10 cm kürzen und mit der Acrylfarbe bemalen. Die Farbe gut trocknen lassen. Schild und Pompon aufkleben, die Lanze seitlich zwischen die Maschen des Rittermantels schieben.

MATERIAL

FÜR EINEN RITTER

- selbst gebaute Strickliesel aus einer Klopapierrolle
- dehnbare Wolle in Grau und in Rot, Türkis oder Orange
- Flaschenkorken
- Filzstift in Schwarz
- Bastelfilz in Rot, Rest
- Stickgarn in Hellrot
- Schaschlikstäbchen
- Acrylfarbe in Rot
- UHU Kraft
- Mini-Pompon in Rot, ø 7 mm

VORLAGE SEITE 42

Summende Eis-Tropfhilfe

Material

- selbst gebaute Strickliesel aus einer Klopapierrolle
- Wolle in Schwarz und Gelb
- Pfeifenputzer in Gelb, ø 7 mm, 2x 6 cm lang
- 2 Holzperlen in Gelb, ø 1 cm
- UHU Kraft
- 2 Wackelaugen, ø 1 cm
- Mini-Pompon in Rot, ø 7 mm

So geht's

1 Stricke zuerst für das Kopfteil 6 Runden in Gelb, anschließend für die Streifen 2 Runden in Schwarz, 3 Runden in Gelb, 2 Runden in Schwarz und 3 Runden in Gelb. Für die Schwanzspitze zuletzt noch 5 Runden in Schwarz arbeiten. Den Strickschlauch abnehmen, mit dem Endfaden zusammenziehen und vernähen.

2 Biege die beiden Pfeifenputzer zu Fühlern zurecht und schiebe auf jedes Ende eine Holzperle.

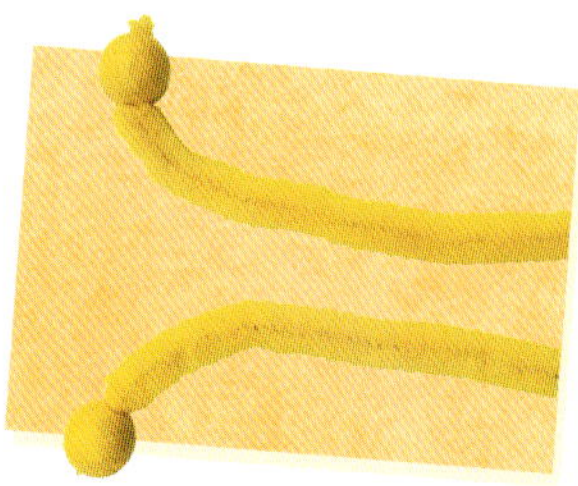

3 Die Fühler vorsichtig von innen zwischen die Maschen des Kopfteiles schieben und zusätzlich mit etwas Kleber fixieren.

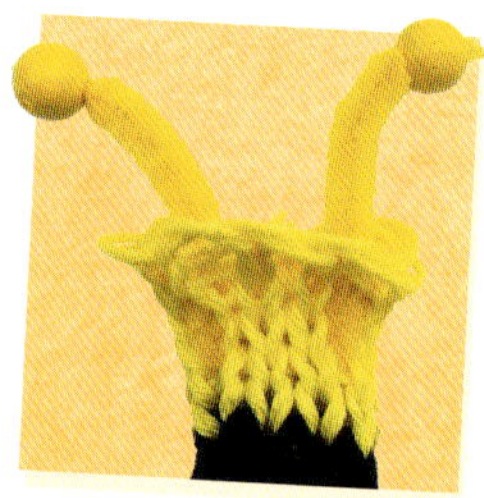

4 Zuletzt klebst du für das Gesicht die Wackelaugen und den Mini-Pompon auf.

Tipp

Mit dieser lustigen Biene kannst du wunderbar dein Eis festhalten. Außerdem eignet sie sich gleichzeitig als Tropfschutz.

MATERIAL

- Holz-Strickliesel
- Wolle in Gelb und Pink oder in Hellblau und Hellrot
- Nähgarn in Pink oder Hellrot
- Nähnadel

SO GEHT'S

1 Arbeite aus zwei Wollfarben jeweils einen 40 cm langen Schlauch in Gelb (oder Hellrot) und einen 50 cm langen Schlauch in Pink (oder Hellblau). Die Anfangs- und Endfäden vernähen.

2 Die Schläuche nebeneinander auf eine Arbeitsfläche legen. Der längere Schlauch liegt außen. Lege aus den Schläuchen eine Brezel. Dabei liegt der längere Strickschlauch jeweils außen in den Bögen.

3 Führe die Strickschnüre nach rechts über die Enden der Schnüre und schiebe sie von unten nach oben durch die rechte Schlinge. Orientiere dich hier am besten am Schrittbild.

4 Jetzt führst du die Schnüre unter den beiden Strickschläuchen hindurch, die unter der linken Schlinge liegen.

5 Die Schlauchenden nach rechts zu den Anfangsstücken legen. Verbinde Anfang und Ende der beiden Schnüre, indem du mithilfe einer Nadel einen Faden durch beide hindurchschiebst und die Enden miteinander verknotest.

TIPP

Anstatt als Insektenschutz kannst du deine Strickteile auch als Glasuntersetzer verwenden.

Nützliches Helferlein

Sommerfeeling

SO GEHT'S

1 Pause die Vorlage auf Transparentpapier und schneide sie aus. Die Schuhe mithilfe der Schablone je zweimal auf die Korkplatte und das Moosgummi übertragen. Alle Teile ausschneiden und die Korkteile entsprechend der Markierungen lochen.

2 Für jeden Schuh einen 20 cm langen Strickschlauch in Lachs mit der Strickliesel arbeiten. Den Endfaden nicht vernähen und lang hängen lassen. Den Anfangs- und Endfaden durch die Löcher an der Schuhseite schieben. Lege die Strickschnur über das vordere Loch und probiere, ob dir der Schuh so passt. Dann den Endfaden vernähen.

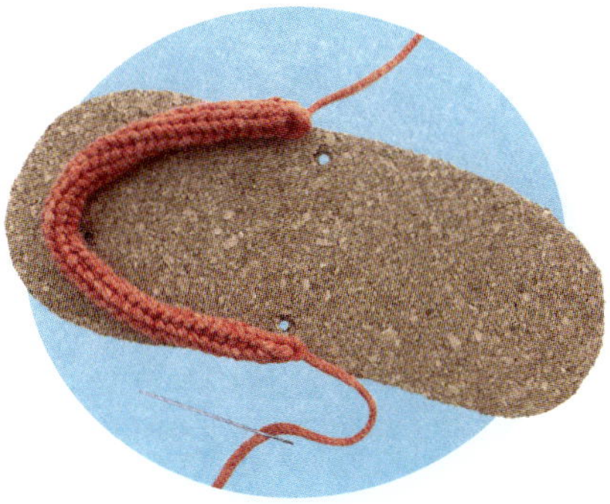

3 Ein 15 cm langes Stück Wolle über den Strickschlauch am vorderen Loch schlingen und festknoten. Die Fadenenden miteinander verdrehen und durch das Loch schieben.

4 Alle Fäden auf der Korkunterseite verknoten, damit sie nicht zurückrutschen. Dann die Moosgummisohlen unter die Korkteile kleben.

5 Für die Blumen zwei 24 cm lange Schläuche stricken. Den Endfaden lang hängen lassen. Lege die Schläuche jeweils zu fünf Schlingen und führe den Endfaden mithilfe einer Sticknadel durch den unteren Bereich jeder Schlinge.

6 Ziehe den Faden fest an und verknote ihn mit dem Anfangsfaden des Strickschlauches. So erhältst du eine Blume. Befestige die Blume mit ein paar Nähstichen seitlich an den Flipflops.

MATERIAL

- Holz-Strickliesel
- Korkplatte, 4 mm stark, 20 cm x 20 cm
- Moosgummi in Rot, 4 mm stark, 20 cm x 20 cm
- Lochzange
- Wolle in Lachs und Rot
- UHU Kraft

VORLAGE SEITE 43

Praktischer Schlüssel-anhänger

So geht's

1 Stricke eine 32 cm lange Schnur in Grün und vernähe den Anfangs- und Endfaden. Dann die Vorlage für den Frosch von Seite 44 abpausen und die Schablonen ausschneiden. Den Kopf auf das Moosgummi und die Augenkreise auf den weißen Filz übertragen. Alle Teile ausschneiden.

2 Klebe die Strickschnur spiralförmig auf den Kopf. Beginne am besten in der Kopfmitte und arbeite dich zum Rand vor. Zuletzt zwei Strickbögen um die Augenerhebungen kleben.

3 Schneide von dem roten Filz 2 mm breite Streifen von 1 cm und 4 cm Länge ab. Die Augen und die Streifen als Mund auf das Gesicht kleben. Die Plastikhalbperlen jeweils an die Ränder der Augenkreise kleben.

4 Fädle ein 20 cm langes Stück von der grünen Wolle auf eine Sticknadel und stich einmal mittig durch den oberen Rand des Froschkopfes. Die Perlen auffädeln und die Nadel durch die Öse an der Schlüsselanhängerkette ziehen. Fädle den Faden wieder zurück durch die Perlen und verknote die Fadenenden miteinander.

Material

- Holz-Strickliesel
- Wolle in Grün
- Moosgummi in Grün, 7 cm x 7 cm
- Bastelfilz in Weiß und Rot, Reste
- UHU Kraft
- 2 Plastikhalbperlen in Schwarz, ø 6 mm
- 2 Holzperlen in Hellgrün und 1 Holzperle in Mittelgrün, ø 8 mm
- Schlüsselring mit Kette in Silber

Vorlage Seite 44

MATERIAL

- Holz-Strickliesel
- Wolle in Flieder, Hellrot, Gelb, Helltürkis und Petrol
- Nähnadel mit Spitze
- Bastelfilz in Weiß, 12 cm x 16 cm
- 2 Stecknadeln
- Stickgarn in Weiß
- Füllwatte
- Heißklebepistole
- Kordel in Blau, ø 1 mm, 50 cm lang
- Holzperle in Weiß, ø 1 cm

VORLAGE SEITE 43

SO GEHT'S

1 Stricke folgende Schläuche: 8 cm in Flieder, 10 cm in Hellrot, 12 cm in Gelb, 14 cm in Helltürkis und 16 cm in Petrol. Die Anfangs und Endfäden jeweils vernähen.

2 Lege die Strickschläuche bogenförmig zusammen. Fädle einen Faden, etwa so lang wie dein Arm, in eine Nadel, ein Fadenende dabei länger herunterhängen lassen. Stich abwechselnd immer in zwei nebeneinanderliegende Schläuche, um sie zu verbinden. Um die Naht zu sichern, nähst du am Anfang und am Ende drei Stiche auf einer Stelle.

3 Die Vorlage für die Wolke von Seite 43 abpausen, die Schablone ausschneiden und viermal auf den Filz übertragen. Alle Teile ausschneiden.

4 Jeweils zwei Wolken mit einer Stecknadel aufeinanderstecken. Fädle einen Faden, etwa so lang wie dein Arm, in eine spitze Nadel und stich immer von einer Seite durch beide Filzlagen. Arbeite dich so rund um die Wolke, aber lasse am Ende eine Strecke von 3 cm offen.

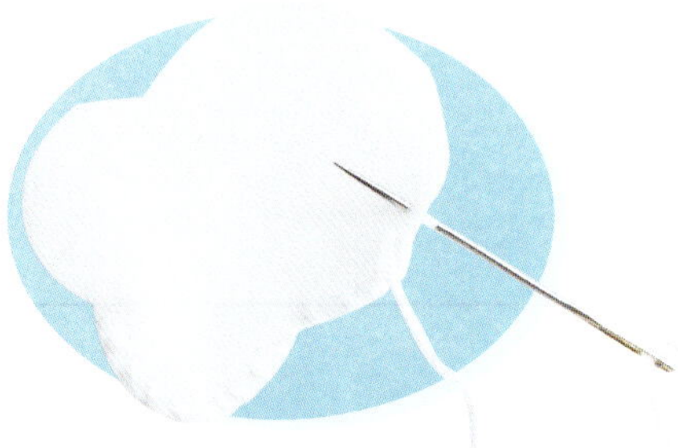

5 Etwas Füllwatte in die Wolke schieben und die Öffnung ganz zunähen. Zuletzt nähst du drei Stiche auf einer Stelle, um die Naht zu sichern.

6 Befestige die Wolken mit Heißkleber auf den beiden Enden des Regenbogens. Lass dir dabei von einem Erwachsenen helfen.

7 Die blaue Schnur an beiden Seiten des Regenbogens durch die oberste Strickschnur fädeln und verknoten. Lege die Schnur mittig zur Schlaufe und verknote sie. Zum Schluss die Perle über die Schlinge ziehen.

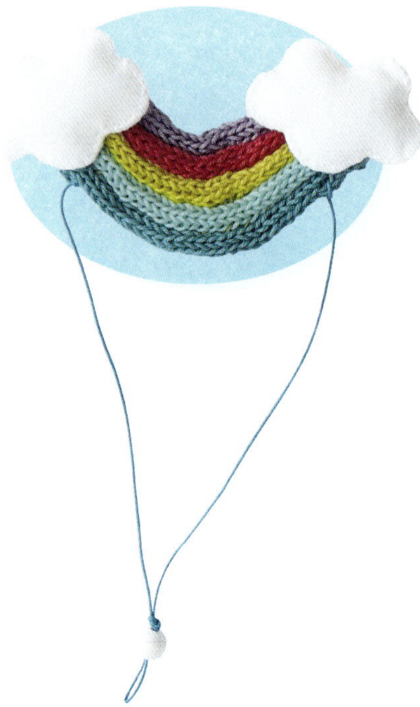

Gute-Laune-Türschild

Kleines Kuschelkissen

MATERIAL

- Holz-Strickliesel
- Wolle in Gelb und Orange
- Karton, 1 mm stark, 25 cm x 25 cm
- Kissenbezug in Rot, 30 cm x 30 cm
- Stecknadeln
- Nähnadel
- Nähgarn in Gelb

VORLAGE SEITE 45

SO GEHT'S

1 Arbeite einen 1 m langen Schlauch mit der Strickliesel. Beginne mit dem Ende für den gestreiften Schwanz und stricke 8 Runden in Gelb, 3 Runden in Orange, 2 Runden in Gelb, 3 Runden in Orange, 2 Runden in Gelb, 10 Runden in Orange, 2 Runden in Gelb, 3 Runden in Orange, 2 Runden in Gelb und 3 Runden in Orange. In Gelb weiterarbeiten, bis der Schlauch eine Länge von insgesamt 1 m hat. Den Anfangs- und Endfaden vernähen.

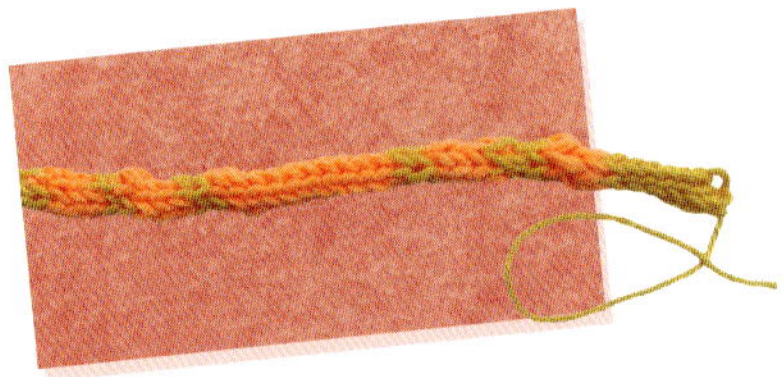

2 Die Katzenvorlage von Seite 45 auf Papier abpausen und ausschneiden. Lege das Kartonstück zwischen die Stofflagen des Kissens und stecke die Katzenvorlage außen mit Stecknadeln fest.

3 Stecke den Strickschlauch rund um die Vorlage, beginne dabei wie abgebildet mit dem gestreiften Schwanzstück. Anschließend die Papiervorlage abnehmen.

4 Schneide ein etwa armlanges Stück Nähgarn ab und fädle es in die Nähnadel. Nun stichst du von oben durch den Schlauch und den Stoff und in der gleichen Bewegung 1 cm weiter vorne wieder von unten nach oben. Wiederhole den Vorgang, bis der Strickschlauch vollständig festgenäht ist. Zuletzt drei Stiche auf der Stelle nähen, um die Naht zu sichern.

HAPPY

Süßer Haarschmuck

SO GEHT'S

1 Für die Schleife strickst du einen 20 cm langen Strickschlauch in Hellblau. Lege den Schlauch auf dem Arbeitstisch zu einer Schleifenform zurecht.

2 Einen 20 cm langen Wollfaden in Rot mehrmals mittig um die Schleife wickeln. Die Fadenenden auf der Rückseite miteinander verknoten.

3 Pause die Blumenvorlage ab und schneide die Schablone aus. Dann überträgst du die Blume auf den Filz. Schneide die Blüte aus und klebe als Blüteninneres den Schmuckstein auf.

4 Binde die Schleife mit den Enden des roten Fadens an das Zopfgummi. Die Fadenenden kurz zurückschneiden. Auf die Schleifenmitte klebst du die Blüte.

TIPP

Wenn du deine Schleife auf einen Broschenrohling klebst, hast du ratzfatz ein tolles Schmuckstück gezaubert.

MATERIAL

- Holz-Strickliesel
- Wolle in Hellblau
- Wolle in Rot, Rest
- Bastelfilz in Rot, Rest
- Acryl-Schmuckstein in Weiß, ø 5 mm
- UHU Kraft
- Haargummi

VORLAGE SEITE 45

MATERIAL

PRO MONSTER

- Strickliesel, aus einer leeren Klebebandrolle (ø 8 cm) gebastelt
- dehnbare, dickere Wolle in Rot, Lila oder Pink
- Bastelfilz in Rot, Lila oder Pink, 6 cm x 6 cm
- Füllwatte
- Bastelfilz in Weiß und Schwarz, Reste
- 1–3 Plastikhalbperlen in Schwarz, ø 4–6 mm
- dünner Wollfaden in Schwarz

VORLAGE SEITE 44

SO GEHT'S

1 Stricke 15 Runden in Rot, Lila oder Pink. Nimm den Strickschlauch ab und ziehe den Anfangsfaden gut fest. Dann den Faden vernähen.

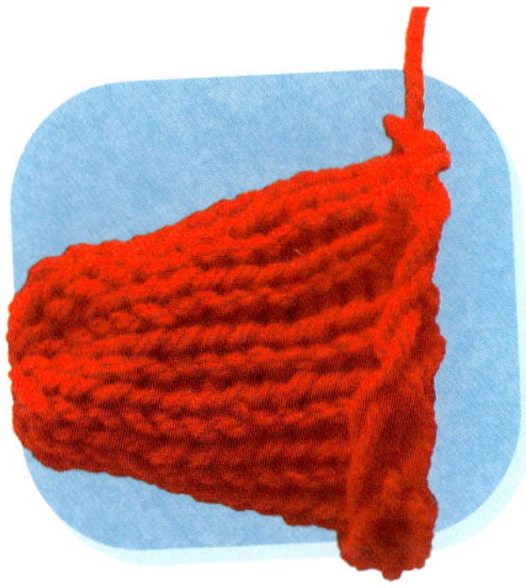

2 Nähe mit dem Endfaden einmal rund um die Öffnung des Strickschlauches, indem du ihn immer wieder durch die letzte Maschenreihe schlingst. So erhältst du einen schönen Abschluss.

3 Die Vorlage für den Bodenkreis von Seite 44 abpausen, als Schablone ausschneiden und auf den passend farbigen Filz übertragen und zuschneiden.

4 Das Monster mit etwas Watte ausstopfen und auf den Filzkreis stellen. Nähe das Monster fest, indem du abwechselnd in den unteren Rand des Strickschlauches und den Filzkreis stichst.

5 Suche dir eine Vorlage für Augen und Zähne aus, pause sie ab und übertrage sie auf den weißen bzw. schwarzen Filz. Die Teile ausschneiden. Die Plastikhalbperlen auf die Augen kleben und diese mittig auf dem Monster befestigen. Für den Mund klebst du einen schwarzen Wollfaden an. Verziere dein Monster noch mit den Zähnen und wenn du möchtest mit einer Wollschleife auf dem Kopf.

TIPP

Wenn du keine Wolle in Schwarz hast, kannst du für den Mund auch schmale Filzstreifen verwenden.

gefährliche Monster

Süsses
oder Saures?

SO GEHT'S

1 Arbeite für die Dose eine 1,80 m lange Schnur in Orange. Für die Kürbisblätter eine 10 cm und eine 5 cm lange Schnur stricken. Wie du die 5 cm lange Schnur abmessen kannst, steht auf Seite 7 in der Grundanleitung. Die Anfangs- und Endfäden jeweils vernähen.

2 Die Dose rundherum mit UHU Kraft einstreichen. Wickle die Schnur in Orange um die Dose und drücke sie fest.

3 Die Vorlagen für das Gesicht abpausen, ausschneiden und mithilfe der Schablonen auf den Filz übertragen. Alle Teile ausschneiden.

4 Die längere grüne Strickschnur mittig falten und das kurze Strickstück zwischen die beiden Enden legen, um ein schönes Blattwerk zu erhalten. Klebe alles an der Dosenrückseite fest.

5 Stelle die beklebte Dose auf den Filz in Orange und umrunde sie mit einem Bleistift. Anschließend den Filzkreis entlang der Kontur ausschneiden und unter die Dose kleben.

TIPP

Solltest du eine Dose mit anderen Maßen benutzen, strickst du erst einmal los. Nach einer Weile kannst du die Schnur um die Dose wickeln, um zu sehen, ob du noch weiter stricken musst oder nicht.

MATERIAL

- Holz-Strickliesel
- Wolle in Orange und Grün
- Dose, ø 6,5 cm, 7 cm hoch
- UHU Kraft
- Bastelfilz in Schwarz, 6 cm x 8 cm
- Bastelfilz in Orange, 4 mm stark, 10 cm x 10 cm

VORLAGE SEITE 42

MATERIAL

KRONE

- Holz-Strickliesel
- Wolle in Rosa
- 3 Pfeifenputzer in Rosa, ø 5 mm, je 30 cm lang
- 20 Acryl-Schmucksteine in Pink, ø 8 mm
- UHU Kraft
- Band in Silber glitzernd, 5 mm breit, 2x 30 cm lang

STERNENSTAB

- Holz-Strickliesel
- Wolle in Rosa
- 2 Pfeifenputzer in Rosa, ø 5 mm, je 30 cm lang
- Band in Silber glitzernd, 5 mm breit, 50 cm lang
- Pailletten-Band in Rosa und Kordel in Grau, 50 cm lang

VORLAGE SEITE 44

SO GEHT'S

KRONE

1 Für den unteren Ring der Krone einen Pfeifenputzer auf 20 cm kürzen. Die anderen beiden Pfeifenputzer für die Zacken an den Enden miteinander verdrehen, sodass ein 60 cm langes Stück entsteht.

2 Stricke sechs Runden in Rosa und schiebe ein Ende des 20 cm langen Pfeifenputzers mittig in die Liesel. Weiterstricken und den Pfeifenputzer immer wieder etwas nach unten ziehen, wenn du an dem heraushängenden Faden den Strickschlauch herunterziehst. Auf diese Weise nach und nach den Pfeifenputzer umstricken.

3 Ist der Pfeifenputzer fertig umstrickt, nimmst du den Schlauch ab und vernähst das Fadenende. Den Anfangs- und Endfaden an der Strickschnur hängen lassen. Jetzt den 60 cm langen Pfeifenputzer wie oben beschrieben umstricken. Dann das kürzere Strickstück zu einem Kreis biegen und den Anfangs- und Endfaden miteinander verknoten.

4 Das lange Stück zu fünf Zacken biegen. Dazu den Strickschlauch auf die Vorlage legen. Die Fadenenden miteinander verknoten und die Teile zu einer Krone zusammensetzen. Zum Fixieren ein Stück Wolle um jeden Zacken am unteren Rand und den Kreis wickeln. Anschließend auf jede Verbindung einen Schmuckstein kleben. Die oberen Zacken der Krone mit jeweils drei Schmucksteinen verzieren.

STERNENSTAB

1 Die beiden Pfeifenputzer miteinander verdrehen. Dann sechs Runden lieseln und den Pfeifenputzer wie oben beschrieben umstricken.

2 Biege den Strickschlauch entsprechend der Sternenvorlage zurecht. Ein Ende als Haltestab stehen lassen. Vernähe den Anfangsfaden an dem oberen Ende des Stabes, um die Sternform zu fixieren. Dann den Endfaden vernähen. Die beiden Bänder als Verzierung um das obere Stabende knüpfen.

Für kleine Prinzessinnen

Tipp

Binde jeweils ein silbernes Band rechts und links am Kronenkreis fest. Damit kannst du die Krone auf deinem Kopf befestigen.

Für Geschenke von Herzen

So geht's

Material

Für einen Schneemann

- Holz-Strickliesel
- Tonkarton in Weiß, 5 cm x 11 cm
- Tonkarton in Schwarz, 5 cm x 5 cm
- Wolle in Weiß
- UHU Kraft
- Bastelfilz in Lila, Petrol oder Hellgrün, Reste
- 2 Plastikhalbperlen in Schwarz, ø 5 mm
- Mini-Pompon in Rot, ø 1,2 cm
- 2 Knöpfe in Grün, ø 1,2 cm
- Holz-Wäscheklammer

Vorlage Seite 42

1 Die Vorlagen für den Schneemann abpausen, ausschneiden und mithilfe der Schablonen auf den Tonkarton übertragen. Beide Teile ausschneiden.

2 Stricke einen 22 cm langen Schlauch in Weiß und vernähe den Anfangs- und Endfaden. Den Schlauch spiralförmig auf den Kopf und ein Strangende auf das Körperteil kleben.

3 Für den Schal schneidest du einen 8 mm x 8 cm großen Streifen aus Filz zurecht. Die Enden jeweils drei bis vier Mal einschneiden, so erhält der Schal Fransen. Falte den Schal mittig und klebe ihn unterhalb des Kopfes auf.

4 Jetzt befestigst du die Augen, Nase, Hut und Knöpfe mit Kleber auf dem Schneemann. Zuletzt klebst du den Schneemann auf die Wäscheklammer.

MATERIAL

BAUM MIT ROTEM SCHMUCK

- Holz-Strickliesel
- Tonkarton in Grün, 7 cm x 14 cm
- Wolle in Grün und Braun
- UHU Kraft
- Bastelfilz in Rot, Rest
- 7 Acryl-Schmucksteine in Rot, ø 5 mm
- Nähnadel
- Nähgarn in Grün

BAUM MIT WEISSEN PERLEN

- Holz-Strickliesel
- Tonkarton in Grün, 7 cm x 14 cm
- Wolle in Grün, Braun und Weiß
- UHU Kraft
- 7 Perlen in Weiß, ø 6 mm
- Nähnadel
- Nähgarn in Grün

BAUM MIT STERNEN

- Holz-Strickliesel
- Tonkarton in Grün, 7 cm x 14 cm
- Wolle in Grün und Braun
- UHU Kraft
- 5 Sterne aus Birkenrinde, ø 1 cm
- Stern aus Birkenrinde, ø 3 cm
- Nähnadel
- Nähgarn in Grün

VORLAGE SEITE 44

SO GEHT'S

BAUM MIT ROTEM SCHMUCK

1 Die Baumvorlage abpausen, als Schablone ausschneiden und den Baum auf den Tonkarton übertragen. Schneide den Baum aus.

2 Aus der Wolle in Grün einen 35 cm langen Strickschlauch arbeiten. Für den Baumstamm strickst du 8 Runden mit der Wolle in Braun. Die Anfangs- und Endfäden vernähen. Klebe den grünen Strickstrang in Schlangenlinien auf den Baum. Darunter den braunen Schlauch als Stamm aufkleben.

3 Die Sternvorlage auf den roten Filz übertragen und ausschneiden. Verziere deinen Baum mit einer Sternenspitze und den roten Schmucksteinen.

4 Zuletzt fädelst du ein 20 cm langes Stück Garn in die Nähnadel und führst sie einmal durch den Strickschlauch an der Baumspitze. Die Fadenenden miteinander zu einer Aufhängeschlaufe verknoten.

BAUM MIT WEISSEN PERLEN

Arbeite diesen Baum wie den Baum mit rotem Schmuck. Die Perlen aufkleben und 10 Runden in Weiß stricken. Den Strang als Schneespitze oben auf den Baum kleben.

BAUM MIT STERNEN

Arbeite den Baum wie oben beschrieben und klebe die Sterne auf.

Schöner
Baumschmuck

Vorlagen

SÜSSES ODER SAURES?

Seite 34/35

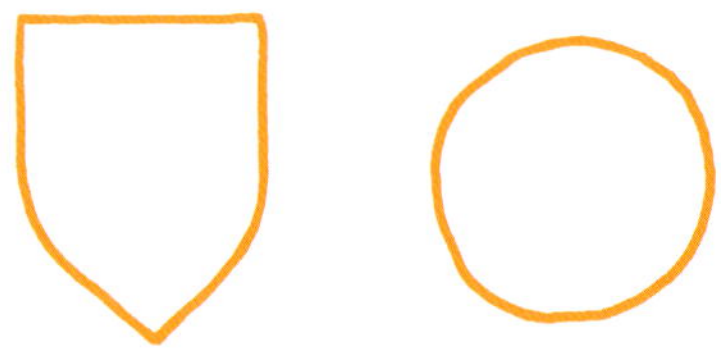

RITTER RUDI UND SEIN GEFOLGE

Seite 16/17

PITSCH PATSCH PINGUIN

Seite 8/9

FÜR GESCHENKE VON HERZEN

Seite 38/39

GUTE-LAUNE-TÜRSCHILD

Seite 26/27

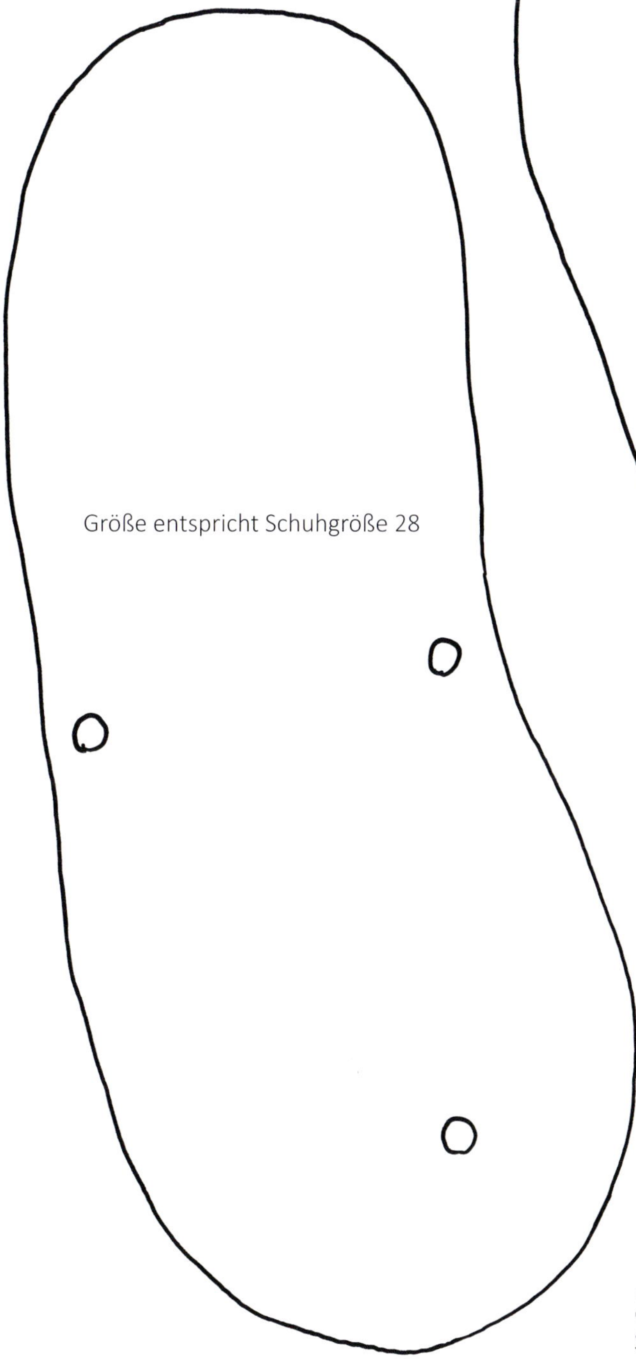

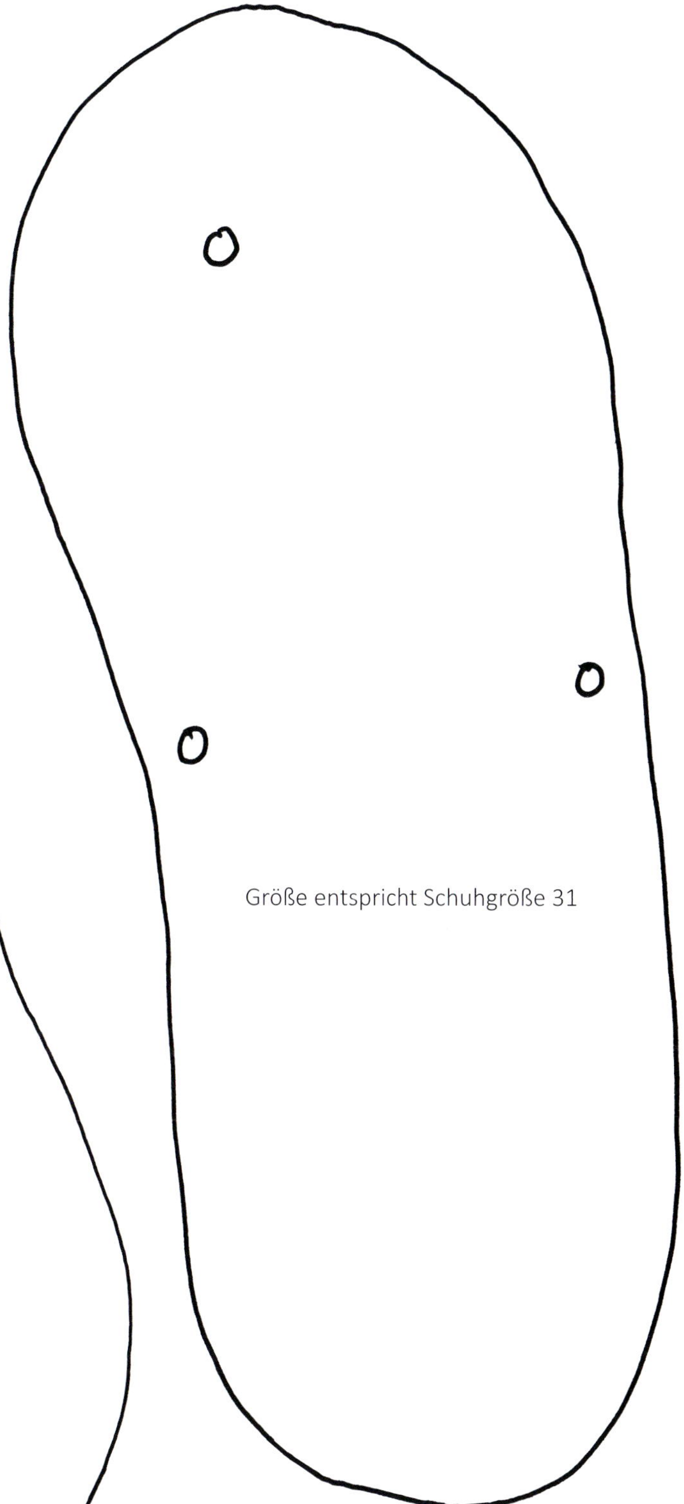

SOMMERFEELING

Seite 22/23

GEFÄHRLICHE MONSTER
Seite 32/33

PRAKTISCHER SCHLÜSSELANHÄNGER
Seite 24/25

SCHÖNER BAUMSCHMUCK
Seite 40/41

FÜR KLEINE PRINZESSINNEN
Seite 36/37

SÜSSER HAARSCHMUCK
Seite 30/31

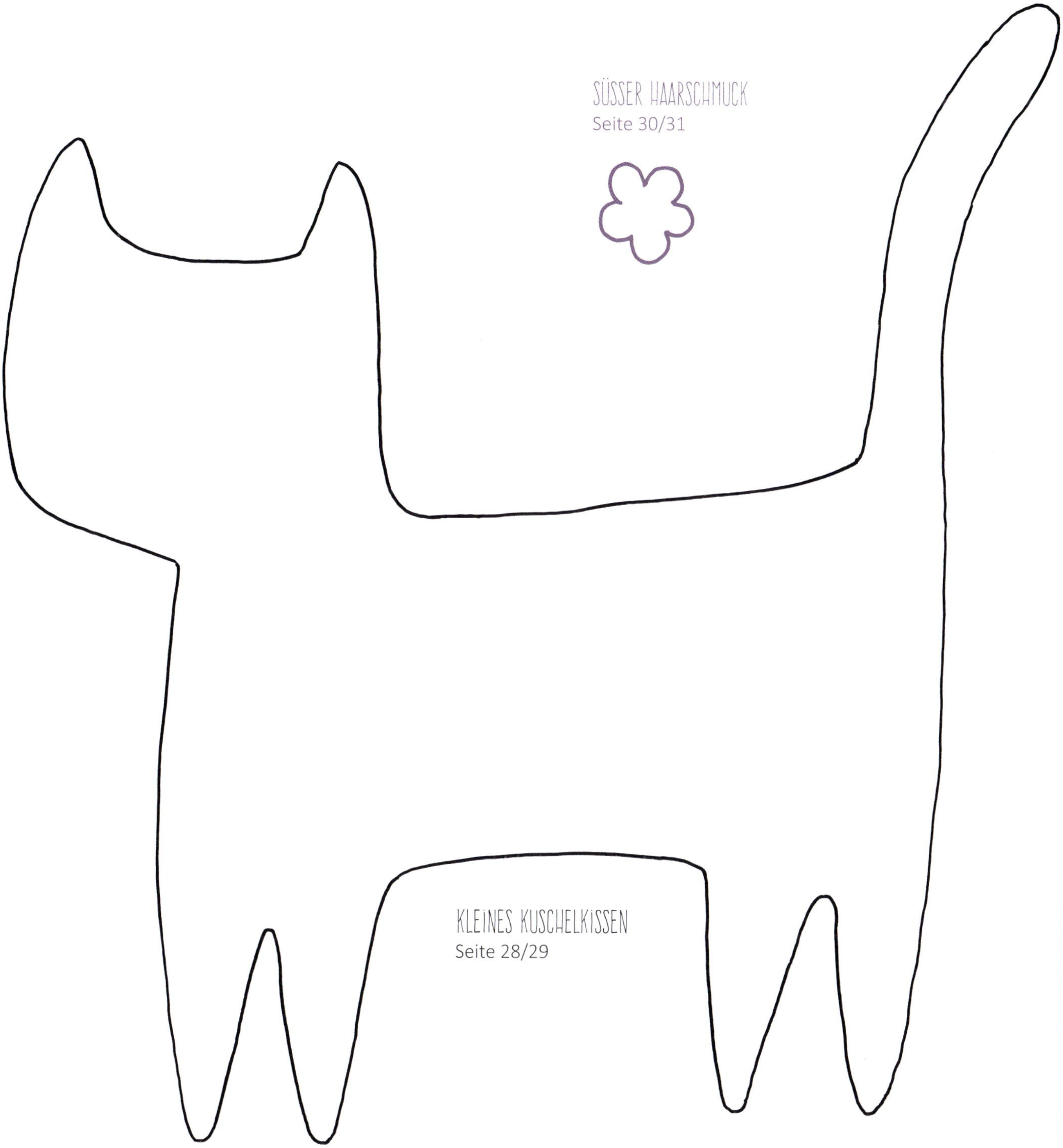

KLEINES KUSCHELKISSEN
Seite 28/29

KLEINE FINGERPÜPPCHEN
Seite 14/15

HASENSTARKE EIERWÄRMER
Seite 12/13

Buchempfehlungen für Dich

ISBN 978-3-7358-9030-6

ISBN 978-3-7358-9031-3

ISBN 978-3-7358-9130-3

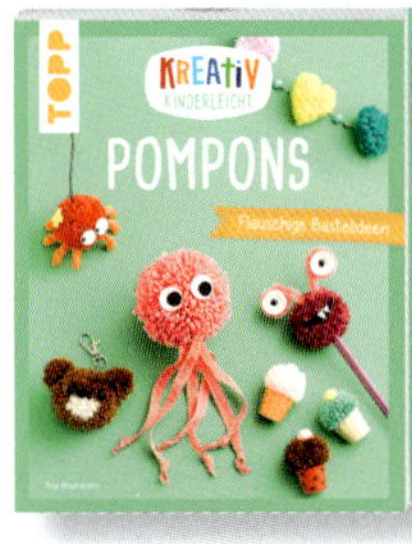

ISBN 978-3-7358-9140-2

ISBN 978-3-7724-8425-4

ISBN 978-3-7358-9139-6

ISBN 978-3-7724-4391-6

ISBN 978-3-7724-7830-7

ISBN 978-3-7358-9255-3

ISBN 978-3-7358-9256-0

ISBN 978-3-7358-9192-1

ISBN 978-3-7358-9109-9

Kreativ-Bücher findest Du auf www.TOPP-kreativ.de

#TOPPprojekt

Die eigene Kreativität zeigen: TOPPprojekt mit anderen Kreativen teilen und Teil der Gemeinschaft werden.

DIY-begeistert und auf Instagram? Dann unbedingt mitmachen! Hier gibt's Tipps und Feedback zu den eigenen Projekten. Außerdem verlosen wir jeden Monat ein Überraschungspaket. Um am Gewinnspiel teilzunehmen, einfach ein Bild vom Kreativ-Projekt aus unseren Büchern mit #TOPPprojekt posten und unserem Account @toppkreativ folgen. Mehr Infos auf TOPP-kreativ.de/TOPPprojekt

Website
Auf TOPP-kreativ.de können Sie ein riesiges Angebot von über 1.000 Kreativbüchern, Sets & mehr entdecken.

Newsletter
Gleich anmelden unter: TOPP-kreativ.de/newsletter und immer als Erstes von unseren Neuheiten und Sonderaktionen erfahren.

Instagram
@toppkreativ

Pinterest
pinterest.com/toppkreativ

Facebook
facebook.com/toppkreativ

DigiBib
Hier finden Sie zusätzlich zu vielen unserer Bücher digitale Extras, wie Video-Tutorials, Plotter-Dateien, Vorlagen, Übungsblätter & vieles mehr. Einfach im Impressum Ihres TOPP-Buchs den Freischalte-Code nachschlagen und exklusive Inhalte freischalten. TOPP-kreativ.de/digibib

Youtube
youtube.com/frechverlag

Ina Andresen ist in Hamburg geboren und hat bereits im Alter von fünf Jahren ihre erste Nähmaschine erhalten. Dieses Modell, das noch per Handrad angetrieben wurde, hatte ihr Vater ihr aus England mitgebracht. So nähte sie bereits mit fünf Jahren Kleider für ihre Puppen und Kuscheltiere. Nach dem Abitur hat sie schließlich Mode-Design studiert und außerdem das professionelle Nähen bei der Couture-Schneiderin Eva-Maria Zorn in Hamburg gelernt. Heute lebt Ina Andresen mit ihrem Mann und ihren drei Kindern in Ottenhöfen im Schwarzwald.

IMPRESSUM

DANKE!

Vielen lieben Dank an meine Familie, hier und in Kanada, für einige schöne Tipps.

Außerdem danke ich den Firmen Rayher (Laupheim), Rico (Brakel) und MEZ GmbH (Kenzingen) ganz herzlich für die freundliche Unterstützung mit Materialien.

KREATIV-HOTLINE

Hilfestellung zu allen Fragen, die Materialien und Bücher zu kreativen Hobbys betreffen: **Frau Erika Noll** berät Sie. Rufen Sie an oder schreiben Sie eine E-Mail!

Telefon: 0711 / 123 757 20* *normale Telefongebühren
E-Mail: hilfe@frechverlag.de

IMPRESSUM

MODELLE UND SCHRITTFOTOS: Ina Andresen
FOTOS: frechverlag GmbH, 70839 Gerlingen; lichtpunkt, Michael Ruder, Stuttgart
PRODUKTMANAGEMENT: Anna Burger
LEKTORAT: Cosima Kroll und Anna Burger
LAYOUT UND SATZ: Eva Grimme
DRUCK UND BINDUNG: BALTO print, Litauen

12. Auflage 2025

produktsicherheit@frechverlag.de

ISBN 978-3-7724-7737-9
Best.-Nr. 7737

MIX
Papier | Fördert gute Waldnutzung
FSC® C107574
FSC www.fsc.org

Penguin Random House Verlagsgruppe FSC® N001967